知っているようで知らない会社の物語
ディズニー

原著／アダム・サザーランド　翻訳／稲葉茂勝　編集／こどもくらぶ

彩流社

はじめに

「ディズニー」といえば、ミッキーマウスやドナルドダックなど、
たくさんのキャラクターを思いだしますね。
ディズニー映画のシーンを思いうかべる人も多いでしょう。
なんといってもディズニーランドは、子どもにとっても大人にとっても夢の国です。
このようなディズニー・ワールド（世界）を、世界じゅうで提供している会社が、
「ウォルト・ディズニー・カンパニー（The Walt Disney Company）＊」です。
本社は、アメリカのカリフォルニア州バーバンクにあります。
現在の会社組織は、1995年7月28日に設立されたものですが、
その前身はずっと古くて、1923年10月16日にまでさかのぼります。

ディズニーのキャラクターや、ディズニー映画のことは知っていても、
ディズニーの会社については、よく知らない人が多いのではないでしょうか。
ためしに、下の10個の質問に〇か×で答えてください。

① ウォルト・ディズニー社は、ウォルト・ディズニーがひとりでつくった。
② ウォルト・ディズニーは本名でなく、ペンネームである。
③ 初代ミッキーマウスの声を演じていたのは、ウォルト・ディズニーである。
④ ディズニーの長編アニメの最初の作品は、1937年の『白雪姫』である。
⑤ 『ピノキオ』は、第二次世界大戦後のはじめての作品である。
⑥ 『パイレーツ・オブ・カリビアン／生命の泉』は、ディズニー映画だ。
⑦ アップル社のスティーブ・ジョブズがウォルト・ディズニー社の
　役員だったことがある。
⑧ 最初のディズニーランドは、第二次世界大戦前からあった。
⑨ 2015年に中国の上海に巨大なディズニーランドができる予定である。
⑩ 東京ディズニーランドは、ウォルト・ディズニー社の直接経営ではない。

どうですか？
知っているようで知らないことが多いのではないでしょうか（答えは32ページ）。
さあ、この本を読んで、
夢の世界「ディズニー・ワールド」について、もっと知ってみませんか。
知れば知るほどディズニー社のすごさがわかりますよ。
そして、そのすごさを知ることで、
みなさんは、
みなさん自身と「夢の世界」とのかかわりを、より現実的なものにできるでしょう。

＊この本では、1923年以来の会社をウォルト・ディズニー社と記す。

目次

1. 世界の頂点にあるディズニー ……………………………… 4
2. ミッキーマウスの誕生! ……………………………………… 6
3. 白雪姫と7つのオスカー像 ………………………………… 8
4. リビングルームのなかのディズニー ……………………… 10
5. テーマパークの誕生! ……………………………………… 12
6. ディズニーにおける生と死 ………………………………… 14
7. ウォルト・ディズニー・スタジオとは? …………………… 16
8. 成長を続けるディズニー …………………………………… 18
9. 「子ども時代の最高の30分」 ……………………………… 20
10. スティーブ・ジョブズとディズニー ……………………… 22
11. ディズニーキャラクターがゲームに登場 ………………… 24
12. 会社を安定させる ………………………………………… 26
13. 未来はディズニーに何を約束しているか? ……………… 28
★ ウォルト・ディズニー社の全体像 ………………………… 30
❖ さくいん ……………………………………………………… 31

この本のつかい方

会社について、13のテーマでくわしく解説。会社の成り立ちや成功への道、また直面した問題をどのように解決したかなど、さまざまなエピソードを紹介しています。

会社に関する貴重な写真などをたくさん掲載しています。

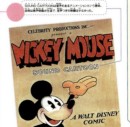

「覚えておこう!」では、ビジネスに関する重要なキーワードについて解説しています。キーワードは、そのページで紹介しているエピソードにかかわるものです。

英語で書かれた部分が日本語ではどういう意味なのか、かんたんに説明しています。

「支えた人」では、会社の設立や成功に大きく貢献した人びとについて、くわしく紹介しています。

1 世界の頂点にあるディズニー

ウォルト・ディズニー社は、世界じゅうでもっとも多くの人に知られ、愛され、そしてもっとも成功している企業のひとつ。2011年には、映画『パイレーツ・オブ・カリビアン／生命の泉』の興行収入が約900億円を突破した。ディズニーランドは、1年で約1兆800億円を、そして、テレビ放映などでさらに約1兆7100億円の売上を達成。結果、合計で約3兆6800億円の収入となった。

ディズニーの映画収入

『パイレーツ・オブ・カリビアン』は、1967年にディズニーランド（アメリカ・カリフォルニア州）で公開された、大人気のアトラクションをもとにつくられた映画シリーズ。

2012年には、スーパーヒーロー映画『アベンジャーズ』が、それまでの興行収入記録を更新し、約1197億円を記録した。これは世界じゅうでつくられたあらゆる映画のなかで、『アバター』と『タイタニック』に次ぐ史上3位の記録となった。

世界各国にあるディズニーランド

ウォルト・ディズニー社は、現在、世界最大のメディア・エンターテインメント企業となっている。ディズニーの映画やテレビは、世界じゅうで楽しまれている。多くの子どもたちが、ミッキーマウスなどのぬいぐるみやおもちゃをだき、ディズニーランドにいく夢を見る。ディズニーのおもちゃやゲームなどは、世界じゅうの子どもたちのあこがれになっているといいきってもよいだろう。エンターテインメントの世界で、ディズニーの影響力はとてつもなく大きく、そして成長しつづけているのだ。

▼『パイレーツ・オブ・カリビアン／生命の泉』で共演したジョニー・デップ（左）とペネロペ・クルス（右）。

▲フランスにあるディズニーランド・パリのメインストリートを歩く大勢の人びと。

ディズニー兄弟

　ウォルト・ディズニー社の成功は、100年以上前に生まれた2人の男の献身的な働きと展望にはじまる。ロイ・ディズニーとその弟ウォルトだ。2人には夢があった。それは、子どもと大人の両方をともに楽しませること、子どもたちを魔法とふしぎで魅了することだった。

　ウォルト・ディズニーは、つぎのようにいった。

「わたしたちはすべての夢を
かなえることができます。
それを追いもとめる勇気さえあれば」

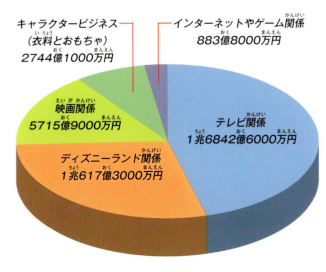

キャラクタービジネス（衣料とおもちゃ）
2744億1000万円

インターネットやゲーム関係
883億8000万円

映画関係
5715億9000万円

テレビ関係
1兆6842億6000万円

ディズニーランド関係
1兆617億3000万円

▲ウォルト・ディズニー社全体の2011年の収入にしめる各部門の割合。

2 ミッキーマウスの誕生！

現在、世界でその名をとどろかせるウォルト・ディズニー社だが、その創立者であるウォルト・ディズニー(Walt Disney)は、決してえらぶらない人物だったという。彼だけではない。夢の国の後継者たちもみな、おどろくほど謙虚な人たちなのだ。

▲事業への銀行融資について話しあうウォルト（左）とロイ（右）。中央は、バンク・オブ・アメリカの副頭取バーナード・ジャニーニ。

ウォルト・ディズニーはペンネーム

意外と知られていないことだが、ウォルト・ディズニーはペンネームで、本名はウォルター・イライアス・ディズニー。彼の肩書きは漫画家、アニメーター、脚本家、声優、映画監督で、ペンネームを使用していたのだ。そして彼は、世界一有名なネズミといわれるミッキーマウスの生みの親のひとりでもあり、初代ミッキーマウスの声優もした。こんなにすごい人なのに、とても謙虚な人物だったといわれている。

お笑い漫画(Laugh-O-Grams)をつくるまで

ウォルトは、1901年12月5日に5人兄弟の末っ子として生まれた。彼は、金の採掘からジャムづくりまでいろいろなことをやった両親について、アメリカじゅうをてんてんとした。10代のはじめはシカゴでくらし、学校新聞に漫画をかいていた。高校卒業後、カンザスシティに移り、新聞や映画館の広告制作などさまざまな仕事についた。そのひとつに、カンザスシティ映画広告社があった。そこで彼は、切り絵アニメーションをもとにして、テレビコマーシャルを制作。アニメーションに、より深く興味をもち、同僚のフレッド・ハーマンとともに漫画制作の会社を立ちあげ、地元映画館で上映する「お笑い漫画」をつくるようになった。

会社倒産

ウォルトは、よりおもしろい漫画をつくろうとして、多くのアニメーターをやといすぎた。そのため会社の経営が破綻。兄のロイとともに映画の都ハリウッドに移った。

1927年、映画会社のユニバーサル・スタジオの資金提供のもと、ウォルトたちは、『しあわせウサギのオズワルド』をつくった。ところが、彼ら自身は、オズワルドの商標権がとれず、その権利はユニバーサル・スタジオのものになった。

覚えておこう！
著作権法

「著作権」とは、音楽、書籍、ビデオ、コンピュータのソフトウェアなどをコピーし複製できる権利、創作者がつくりだしたものを使用し、流通させる権利。ところが、漫画のキャラクターや歌などの著作権は、それをつくった個人ではなく、制作費を出した企業が得ることがある。オズワルドの権利を、ウォルトたちでなく、ユニバーサル・スタジオが得たのは、その典型的な事例であった。

「ミッキーマウス」をつくったのはウォルトではなかった

ウォルトは、オズワルドにかわる新しいキャラクターを思いついた。それは、カンザスシティ映画広告社でペットにしていた、ネズミ！　キャラクターは「ミッキーマウス」と名づけられた。彼らはすぐに、ミッキーを主人公にした映画をつくった。いま、世界で、ミッキーのキャラクターをつくったのはウォルトだと思われているようだが、実は、ミッキーのキャラクターをつくりだしたのはアニメーターのアブ・アイワークスという人物で、ウォルトはその声優を担当したのだった。結果は、大成功！　ミッキーはまたたくまに、世界でもっとも人気のあるキャラクターになった。ミッキーマウス・クラブができて、その会員は、1932年までに100万人となった。その2年後には、ミッキーの関連商品が、年間2億円以上をかせぎだすにいたった。

SOUND CARTOONは音声のあるアニメーションという意味。当時は無声映画が主流で、音声つきの映画は少なかった。

支えた人

ウォルト・ディズニー

夢をもちつづけ、リスクをおそれず、つねに創造力を発揮しつづけたウォルトは、多くのディズニー映画はもちろん、ディズニーのアニメーションスタジオ、最初のディズニーランド（⇒P12）などを成功に導いてきた。

ウォルトがとった成長する企業経営者としての姿勢は、ディズニーのブランドとそのファンたちをつねに一番に位置づけることだった。

ウォルトは、大人も子どもも家族全員で楽しめる、ふしぎさと興奮を提供することを理念とした。

ウォルトの死後すでに長い年月が経過したが、ディズニーの企業の理念は、最初からまったくかわっていない。ウォルトの思いは、それほど強力だったわけだ。

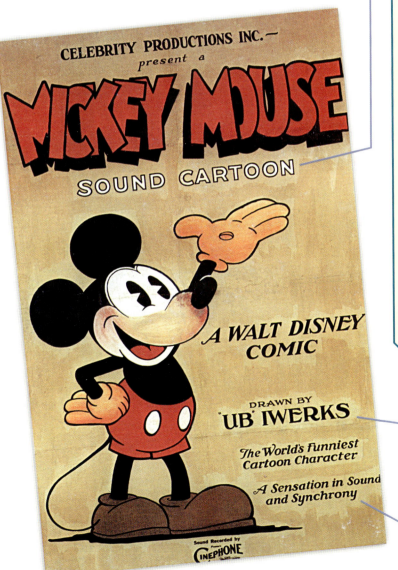

▲ミッキーマウスのアニメの、初期の広告ポスター。

ミッキーマウスのキャラクターをデザインしたアブ・アイワークスの名前が書かれている。

映像と音声が同調していることを宣伝している。

3 白雪姫と7つのオスカー像

ウォルト・ディズニーはミッキーマウスで大成功。1932年には、ミッキーを創造したことに対しアカデミー名誉賞を受賞し、映画『ミッキーの子沢山』*は短編アニメ賞にノミネートされた。しかし彼はそうした成功では決して満足せず、つねにより大きく、よりよいものを目ざす人だった。

つぎつぎに生みだされるキャラクター

ミッキーマウスは、ディズニーの最初の大きな成功だった。その後、グーフィー、プルート、ドナルドダックなどのいくつものキャラクターが登場。それぞれがミッキーのライバルとして人気を得て独自に成功していく。

長編映画に挑戦

あるときウォルトが、昔話の「白雪姫」の長編アニメーション映画を製作すると発表。スタッフたちの反対にあい、兄のロイと妻のリリアンも彼を思いとどまらせようとした。それでもウォルトは計画をあきらめず、1934年『白雪姫』の製作を開始。しかし、資金が1937年に底をついた。すると彼は、銀行に試写版を見せて「これは必ず成功するので資金を貸してほしい」と依頼。こうして1937年12月、『白雪姫』を公開した。『白雪姫』は約166億円をかせぎだすなど、大成功をおさめた。

■ ディズニーキャラクターが登場した年

●ミッキーマウス	1928年
●ミニーマウス	1928年
●プルート	1930年
●グーフィー	1932年
●ドナルドダック	1934年
●デイジーダック	1937年
●ピノキオ	1940年
●ダンボ	1941年
●バンビ	1942年
●チップとデール	1943年
●くまのプーさん	1966年
●イーヨー	1966年
●ピグレット	1968年
●ティガー	1968年

* 1931年公開。吹雪の夜、クリスマスを過ごすミッキーマウス、ミニーマウス、プルートの家の玄関前にバスケットが置かれた。なかにはたくさんの子ネコが入っていた。ミッキーたちは子ネコの気を引こうと、サンタやトナカイのかっこうをしたが、子ネコにばかにされる。けれど、クリスマス・ツリーを見せてやると、大喜び。ところが、子ネコたちがむらがり、ツリーはめちゃめちゃになっていく。

▼世界初の長編アニメーション映画である、ディズニー映画『白雪姫』の1シーン。

ウォルト・ディズニー・スタジオの建設

『白雪姫』の収益によって、カリフォルニア州バーバンクに巨大なウォルト・ディズニー・スタジオが建設された（現在もウォルト・ディズニー社の拠点となっている）。そこでは、その後の長編アニメーション『ピノキオ』と『ファンタジア』（1940年）、『ダンボ』（1941年）が製作されてきた。

1941年12月、アメリカが第二次世界大戦に参戦。戦争中は、製作作業が大はばにペースダウンした。なぜなら、1942年までに、550人の会社の従業員のうち90％が戦争関連の映画製作を強制されたからだ。それらの映画は、アメリカ軍兵士の士気を高めるのに大いに貢献したという。しかし、ウォルト・ディズニー社に収入はなく、戦争が終わるころには、会社の銀行口座はからっぽになっていた。

支えた人

ロイ・ディズニー

ロイは、ウォルトの兄で、ウォルト・ディズニー・プロダクションの共同創立者。ウォルトがディズニーのつくり手であるとすれば、ロイはビジネスマンだった。ロイは、1929年にディズニーの最高経営責任者（CEO）になり、1960年までウォルトとともに取締役会長をつとめた。ウォルトのアイディアに命をふきこむのは多額の費用がかかった。しかし財政を健全に保ち、請求書が支払われたことを確認し、従業員に給与を確実に支払い、新しいプロジェクトに投資すること、それが当初からのロイの仕事だった。

1966年にウォルトが亡くなったとき、すでに引退していたロイは74歳で会社に復帰。1971年に亡くなるまで企業の経営を続けた。

▼『白雪姫』でウォルトが授与されたオスカー像。通常の大きさのものがひとつ、ミニチュアサイズのもの7つ。

「人生で経験したすべての困難、すべての問題と障害は、わたしを強くしてくれた。
そのときにはわからないかもしれないが、
失望こそが人生でもっともすぐれたものなのだ」
　　　　　　　　　　　　　　ウォルト・ディズニー

4 リビングルームのなかのディズニー

どんな企業も資金繰りには苦しむもの。資金難から計画を変更したり、会社に危機がもたらされたりする。ウォルト・ディズニー社も同じ。しかし、こうした問題を乗りこえて、ウォルト・ディズニー社はさらなる成功をおさめていった。

ピンチのなかでの創意工夫

第二次世界大戦が終わると、ウォルトもアニメーターたちもスタジオにもどった。しかし、資金がなく、長編のアニメをつくれなかったのはいうまでもない。そこで彼らがしたのは、それまで製作した短編映画を集めて1本の映画に編集しなおした「パッケージフィルム」の販売だった。また、戦争中に戦意向上のためにつくった映画づくりのやり方を生かして『あざらしの島』などの実写映画やドキュメンタリーも製作した。こうして1950年代から60年代には『宝島』（1950年）、『ボクはむく犬』（1959年）、『スイスファミリーロビンソン』（1960年）などの実写映画をつくり、成功をおさめた。そのピークとなったのは1964年の『メリー・ポピンズ』。主演のジュリー・アンドリュースがアカデミー賞の主演女優賞を獲得した。

ディズニーアニメの再興は『シンデレラ』

ウォルト・ディズニー社の資金力は、戦後10年が過ぎるまでに回復し、1950年には長編アニメ『シンデレラ』を発表。これは、『白雪姫』以来の大成功をおさめ、戦争でとだえていたディズニーアニメがふたたび活発化した。1951年には『ふしぎの国のアリス』、1953年には『ピーター・パン』がつくられ、いずれも大ヒットした。

▼映画音楽作曲家のディームス・テイラー（中央）、指揮者のレオポルド・ストコフスキー（右）と話しあうウォルト・ディズニー（左）。

▶映画『南部の唄』の1シーン。この映画は実写とアニメーションが合体したものだった。

テレビの進歩とともに

　1950年代にはテレビがすごい勢いで広まり、そのことはウォルト・ディズニー社にとって新しいチャンスとなった。1950年にコカ・コーラ社と共同でつくった『ふしぎの国の1時間』と題するテレビの特別番組（NBCテレビ）は、アメリカじゅうのリビングルームにディズニーのあらたなファンをつくったのだ。

　1954年、ABCテレビが実写とアニメーションの合体である『ディズニーランド』シリーズを放送。そこでウォルト・ディズニー社は、過去の作品にもう一度日の目を見させ、新しいキャラクターとアイディアを披露することができた。

　1955年には、スタジオから毎日放映される生放送の『ミッキーマウス・クラブ』がはじまった（同じくABCテレビ）。これは、ウォルト自らが監督して制作。子ども向けコメディと音楽、そしてドラマが合体する、エンターテインメント番組の先がけとなった。ウォルト自身、スタジオに入り、ミッキーマウスの声を録音した。この番組は大人気となり、アメリカ国内にとどまらず、その後長いあいだ、多くの国ぐにで放送された。

　1980年代になると「ディズニー・チャンネル」がつくられ、その番組から、歌手のブリトニー・スピアーズ、クリスティーナ・アギレラ、ジャスティン・ティンバーレイクや、俳優のライアン・ゴズリングなどが、つぎつぎと有名になっていった。

▼下の円グラフは、チャンネル加入料からの収入をしめしている。

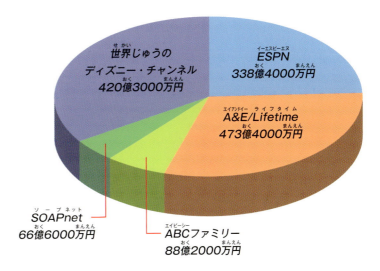

世界じゅうのディズニー・チャンネル　420億3000万円
ESPN　338億4000万円
A&E/Lifetime　473億4000万円
SOAPnet　66億6000万円
ABCファミリー　88億2000万円

覚えておこう！

多様化

　ウォルト・ディズニー社がテレビ番組の制作をおこなったように、企業では新しい製品やサービスをはじめることが多い。それは、それまでの業務の利益が縮小したためである。企業が、それまでとは、まったくことなる製品やサービスをあつかうことを「ブランドの拡大」という。ウォルト・ディズニー社が、アニメーションスタジオでの仕事にテレビ制作を加えたのは、その先がけとなった。

5 テーマパークの誕生！

ウォルトは1940年代の戦争中から、子どもだけでなく大人たちも楽しむことができる夢の国のアイディアをずっとあたためてきた。戦後は、大人と子どもがともに楽しめるテーマパークのアイディアに夢中になった。「ディズニーランド」だ！

夢を形にかえる

ウォルトは、人の楽しみというものは家族みんなでわかちあってこそ何倍にもなると信じていた。彼は、当初、カリフォルニア州オークランドに1950年につくられたアメリカ初の子ども用遊園地チルドレンズ・フェアリーランドと、デンマークに1843年からあった遊園地チボリ公園にヒントをもらって、バーバンクのウォルト・ディズニー社の事務所から道をへだてた空き地に、娯楽施設を建設する計画だった。しかし、莫大な費用がかかったため、ウォルト・ディズニー社はテレビを利用することを決め、彼の構想する魔法の王国を、テレビ局に売りこんだ。結果、1954年から『ディズニーランド』と題された番組がABCテレビで放送され、財政支援を得ることができた。

ディズニーランド完成！

1952年、ウォルトとロイは、ウォルト・ディズニー社の財政を圧迫しないようにWEDエンタープライズという、ディズニーランドをつくるための新しい会社を設立。もとの会社から人材を慎重に選んで*計画を敢行。そして、5年間の建設期間をついやし、1955年、カリフォルニア州アナハイムに世界初のディズニーランドをオープン！ 7月18日のオープニング式典で、ウォルトはこのように語った。

「ディズニーランドは、アメリカの理想と夢と、そのきびしい現実に対しささげるものです。さらに世界に向けて喜びとひらめきを発信するという望みがあります」

▼建設中の『眠れる森の美女』の城。1955年。

* 選ばれたスタッフは、「イマジン（想像する）」と「エンジニア」を合体させた言葉「イマジニア（夢を形にかえる人）」というニックネームでよばれた。

世界最大の娯楽リゾート

ディズニーランドは、いくつかの区域にわかれている。ひとつは大人たちにとって、アメリカの昔なつかしい光景があり、またひとつには、勇気が試されるアトラクションがある。さらに、ミッキーマウスからティガーまでの等身大のディズニーのキャラクターがいたるところにいる区域もある。

1971年には、フロリダ州オーランドに「ウォルト・ディズニー・ワールド」がオープン。現在、4つのテーマパークと2つのウォーターパークのほか、20以上のホテルと4つのゴルフコースもかかえており、世界でもっとも多くの人びとが利用する娯楽リゾートとなっている。

支えた人

トーマス・スタッグス

現在、ウォルト・ディズニー・パークス・アンド・リゾーツ会長のトーマス・スタッグスは、ディズニーの世界規模の「休暇と旅行」ビジネスを指揮してきた人物だ。彼は1990年に、戦略企画部のマネージャーとしてウォルト・ディズニー社に入社。1998年には最高財務責任者（CFO）となり、2010年1月に引退するまで、世界規模で財務と企業買収（⇒P27）を担当した。その間、彼はテレビネットワークであるキャピタル・シティーズや、映画スタジオのピクサー、マーベルを買収する際にとても重要な役割を果たした。

「ディズニーがほしい」

その後、ウォルト・ディズニー社には「自分の国にもディズニーをつくってほしい」という声が世界各国からあがった。これを受けて、1992年4月、ディズニーランド・パリがつくられた。

しかし、その建設の費用は高騰をきわめ、ウォルト・ディズニー社は、その対策として地元で共同出資者をつのることにした。結果、ディズニーランド・パリでは地元の企業が39.78％を、2015年にオープン予定の上海ディズニーリゾートでは43％を所有している。なお、上海ディズニーリゾートにはオープンまでに約3960億円が必要といわれている。

こうしてディズニーを愛する世界じゅうの人たちが自ら夢を体験できる場所が増えてきた。

「ディズニーランドには愛があふれています。わたしたちは単なる金もうけのためだけにディズニーランドをつくろうとしたのではありません」

ウォルト・ディズニー

東京ディズニーランド

東京ディズニーランドは、東京とつくが、実際には、千葉県浦安市にある。隣接する東京ディズニーシーなどとともに「東京ディズニーリゾート」をつくっている。ここは、世界のディズニーランドとちがって、アメリカの会社が運営するものではない。オリエンタルランドという企業がウォルト・ディズニー社から権利を買って運営している。また、そこで売っているミッキーマウスなどのキャラクターは、ウォルト・ディズニー・ジャパンが権利をもっている。

▶着物を着たミッキーマウスとミニーマウス（東京ディズニーランド）。

6 ディズニーにおける生と死

ウォルト・ディズニー社のウォルトやアップル社のスティーブ・ジョブズのように、ひとりの個性と能力、展望によって世界の一流になった企業は少なくない。しかし、それらの会社もほかのいかなる会社と同様、リーダーが亡くなったあとも生きのこらなければならない。

絶好調の時代

1960年代は、ウォルト・ディズニー社は非常に好調だった。ウォルトも、あいかわらずとても多忙だった。フロリダのディズニー・ワールドの建設を指揮し、セコイア国有林のなかに新しいスキー場を計画し、さらにアナハイムのディズニーランドを改修し、6つの映画と、数えきれないほどのテレビ番組の制作にかかわっていた。彼の指導力のもとで制作した映画などで、合計29のアカデミー賞と4つのエミー賞を獲得した。

1966年12月15日没

ところが、ウォルトは首の神経が圧迫されるような感覚を覚えた。昔ポロというスポーツで首をいためたことがあり、その古傷の影響と思ったというが、1966年11月2日、病院で検査。結果は最悪だった。肺にがんが見つかったのだ。ウォルトは緊急手術と化学療法を受け、静養していたが、11月30日に自宅でたおれ、12月15日、65回目の誕生日からちょうど10日後に帰らぬ人となった。

ウォルトのふしぎ

ウォルトは生涯を通じてウォルト・ディズニー社のボス以外のなにものでもなかった。ところがふしぎなことに、会社での正式な肩書をもたなかった。兄のロイはそんなディズニーの伝説が、ウォルト亡きあともそのまま続くようにしようと決意。1967年、ウォルトが深くかかわった最後の映画となった、ミュージカルの『百万長者狂想曲』と『ジャングル・ブック』を公開した。

▲『ジャングル・ブック』からの1シーン。人間の少年モーグリと、友だちのクマのバルー、クロヒョウのバギーラ。

ディズニー家以外のCEO

兄のロイは、ウォルトの夢を実現させ、フロリダのテーマパークを完成させるという計画を実行。1971年10月に「ウォルト・ディズニー・ワールド」をオープン。この名前はウォルトを記念して名づけられた。しかし、その2か月後、ロイは脳出血で死去。会社の運営は、ロイとウォルトから訓練を受け、長いあいだディズニーで幹部として働いてきたドン・テイタムとカード・ウォーカーに引きつがれた。

ロイの死後、テイタムがウォルト・ディズニー社の最高経営責任者（CEO）になった。彼は、ディズニー家以外のはじめての社長と

なった。ウォルト・ディズニー社での社歴は15年だが、「だれもが楽しめる」というファミリーエンターテインメントの理念を受けついだ。彼は、フロリダのウォルト・ディズニー・ワールド・リゾートやエプコット・センター（現在のエプコット）のほか、東京ディズニーランド（⇒P13）の開発にも重要な役割を果たした。

一方、カード・ウォーカーは、1938年にウォルト・ディズニー社に入社、1983年にCEOを退任するまで45年間ディズニーにつくした。そして1983年4月、東京ディズニーランドの開園長をつとめた。

「わたしたちは、この会社を、ウォルトが設立し導いてきたやり方で運営していきます。彼がはじめた将来のすべての計画は、前進しつづけるでしょう」

ロイ・ディズニー

▲1971年、ウォルト・ディズニー・ワールドのオープン前のスタッフ全員の記念写真。

▼ディズニーという安定企業にあって、1923年の創業以来、社長の人数はとても少ない。

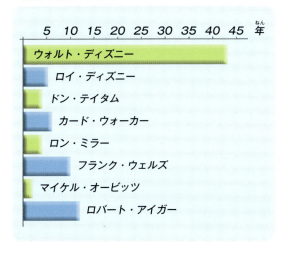

7 ウォルト・ディズニー・スタジオとは?

ディズニーランドはディズニーの表の顔。ウォルト・ディズニー社の心臓部にあたるのは、バーバンクにあるウォルト・ディズニー・スタジオである。そこには、管理部門のオフィス、映画製作部門、アニメーションスタジオなどがある。

▲バーバンクは、カリフォルニア州ロサンゼルスの北に位置する都市。ウォルト・ディズニー社のほか、ワーナー・ブラザーズなどの大手メディア企業や、エンターテインメント企業の本社や撮影スタジオがあり、「世界のメディアの中心地」といわれている。

スタジオができるまで

1923年の夏、ウォルトとロイは、ロサンゼルスにいた叔父、ロバートのガレージを借りて、最初の事務所を開いた。2年後の1925年には、アニメーションの『アリスのコメディ』シリーズの配給により得た資金で、広い事務所を借りた。その後、『白雪姫』が莫大な資金を生みだしたので、1940年、バーバンクにウォルト・ディズニー・スタジオを建設した。この敷地内には1940年以来つかわれているアニメーション用の建物と、防音スタジオ(映画をつくるための倉庫大の防音建物)、スタッフ事務所、レストランなどがある。

従業員のことを「キャスト」とよぶ

現在、このスタジオには約1万5000人のキャストがいる。キャストには、アニメーター、セット・ビルダー、映画製作者、テレビ担当者をはじめ多くがふくまれる。

2014年現在のディズニーの最高経営責任者(CEO)であるロバート・アイガーは、マイケル・D・アイズナーとよばれるビルの事務所にいる。アイズナーとは、21年間にわたりディズニーの運営にたずさわった人物の名前だ。そのそばには、ウォルト・ディズニー・パークス・アンド・リゾーツの会長のトーマス・スタッグスや、ウォルト・ディズニー・インターナショナルの会長、アンディ・バードの事務所もある。

ディズニー・レジェンズ・プラザには、ウォルトとミッキーマウス、ロイとミニーマウスの銅像がある。そのほか、以前のアニメーターやイマジニア(⇒P12)の人たちの手形とサインも展示されている。プラザ前の道の反対側には、ウォルト・ディズニー社の社長であったフランク・ウェルズの名前をつけたビルがあり、そのビルには、ディズニー・テレビアニメーション部門、ディズニーの歴史的記念物の博物館がある。

▼カリフォルニア州バーバンクのウォルト・ディズニー・スタジオを空から見たところ。

ウォルトの好物

キャストの人たちはふつう、敷地内に2つあるレストランのどちらかで昼食をとる。スタジオの販売部では、ふらりとレストランにやってきて、カリフォルニアの夏の暑いさかりでもチリコンカルネ（ひき肉と豆をチリソースで煮たスープ／メキシコ料理）を注文したウォルトにちなんで、毎日チリコンカルネが提供されている。また、キャストの人たちのためだけのスターバックスとディズニーストアがある。

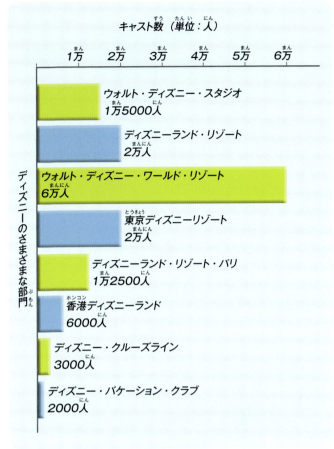

▲ディズニーのさまざまな部門でやとわれたキャストの人数をしめすグラフ（2011年時点）。

キャスト数（単位：人）

部門	人数
ウォルト・ディズニー・スタジオ	1万5000人
ディズニーランド・リゾート	2万人
ウォルト・ディズニー・ワールド・リゾート	6万人
東京ディズニーリゾート	2万人
ディズニーランド・リゾート・パリ	1万2500人
香港ディズニーランド	6000人
ディズニー・クルーズライン	3000人
ディズニー・バケーション・クラブ	2000人

覚えておこう！
人事部の役割

人事部は、企業で個人の身分・地位の決定などに関することがらをあつかう部門。企業はビジネスを進めるうえで、従業員の評価や昇進などを効果的におこなう必要がある。人事部のおもな仕事は従業員の訓練と評価で、また、従業員の能力や可能性を見いだすことも重要である。

▼アニメーターのマーク・セガンと、初期のディズニー作品『蒸気船ウィリー』の額。

8 成長を続けるディズニー

1980年代になるとウォルト・ディズニー社には、企業体質を近代化させ、新しい勢力を導入するなどといった課題が生じてきた。実は、ある会社による買収計画があったのだ。その計画はなくなったものの、社内改革がすみやかにおこなわれた。

◀ ディズニー製作『美女と野獣』公開当日の、ジェフリー・カッツェンバーグ（左）とマイケル・D・アイズナー。

ロイの息子を解任

ディズニーのテーマパークとディズニー・チャンネルは成功した。「ディズニー・チャンネル」とは、ウォルト・ディズニー社が、同社の制作しているアニメーションを中心に映画やテレビドラマなどを放送する専門チャンネルのこと。しかし、ウォルト・ディズニー社はしだいにハリウッドの競争相手にぬかれるようになってきた。すると、当時50歳のロン・ミラー率いる役員たちは熱意と展望が足りないなどといわれ、しばしば批判を受けるようになった。

1984年にはアメリカ人のビジネスマン、ソール・スタインバーグが、ディズニーを買収すると発表。テーマパーク、映画保管庫などいくつかの部門を買収しようとした。

これに対し、ウォルト・ディズニー社は信頼できる投資家からの資金援助を受けて、なんとか買収をふせぐことができた。しかし、管理体制を強め、将来にそなえる必要性がますます高まった。このため、ロイの息子であるロイ・E・ディズニーをふくむ役員の数名を解任し、パラマウント映画からマイケル・D・アイズナーとジェフリー・カッツェンバーグを、また、ワーナー・ブラザーズからもフランク・ウェルズを役員として招いた。

覚えておこう！
取締役会の役目

取締役会は、重役会ともよばれており、企業の活動全般を管理指揮する重要な役割がある。取締役会は通常ひとりを委員長（アメリカでは会長）として指名。組織を運営する規則を定め、最高経営責任者（CEO）を選出し任命。CEOを支援し、実績を評価する。また、年間予算を承認。企業の業績を株主に報告する。これらが、取締役会のおもな役割となっている。

「ディズニーの10年」の発表と実行

マイケル・D・アイズナーのもと、新しい管理チームは、当時欠けていた力強さと活力をウォルト・ディズニー社にもたらした。それは『ロジャー・ラビット』（1988年）にはじまった。この映画は、視覚効果賞と音響効果編集賞（現在は音響編集賞）をふくむ3つのアカデミー賞を獲得。ついで『リトル・マーメイド』（1989年）も大成功をおさめた。アイズナーは1990年代に入るとすぐ、テーマパークの拡張、新しいテーマパークの建設、新しい映画と新メディアへの投資などをふくむ「ディズニーの10年」計画を発表。その後、1993年に映画会社のミラマックスを買収し、1994年に『ライオン・キング』を公開（アカデミー賞獲得）。1996年には、放送会社のABCと合併し、ABCテレビとESPNスポーツ・ネットワークをとりこむことに成功した。さらに、香港とパリに、新しいテーマパークをオープンした。

2005年にアイズナーが一線を退くと、長年彼のアシスタントとして働いたロバート・アイガーがその役割を引きついだ。これは、社内でのたしかな継続であった。

支えた人

リッチ・ロス

2012年4月までウォルト・ディズニー・スタジオの会長をつとめたロスは、ピクサー、マーベル、ウォルト・ディズニー社の映画スタジオにおける映画製作のすべてをとりしきった。また、ドリームワークス・スタジオという別の製作会社も管理していた。世界的な大ヒットとなった、『アリス・イン・ワンダーランド』や『パイレーツ・オブ・カリビアン／生命の泉』(⇒P4)、マーベルの『アベンジャーズ』などの配給も手がけた。なお、ロスは以前はディズニー・チャンネルの社長で、『シークレット・アイドル ハンナ・モンタナ』『ハイスクール・ミュージカル』『フィニアスとファーブ』『ウェイバリー通りのウィザードたち』などのオリジナル番組を担当していた。

▼1994年、映画『ライオン・キング』の「愛を感じて（Can you feel the love tonight?）」でアカデミー歌曲賞を受賞した、作曲のエルトン・ジョン（左）と作詞のティム・ライス（右）。

9 「子ども時代の最高の30分」

1987年3月、カリフォルニア州グレンデールに最初の「ディズニーストア」がオープン。ウォルト・ディズニー社はついに小売販売の世界にも参入したのだ。
「子ども時代の最高の30分」とは、ディズニーストアの社長だったジム・フィールディングがディズニーストアでの買いものの楽しさについていったことば。

最初のディズニーストア

1987年にはじまったディズニーストアの計画は順調に進み、急激にストアの数を増やして世界じゅうで600店舗をこえるほどまでになった。ところが、ひとつの都市に5つも店舗があるようなことも起こり、ディズニーストアの経営状況は全体として必ずしもよくない状況だった。2002年ごろには、ディズニーストア全体で年間約90億円の損失を出す状況になっていた。

一般に企業グループ内では、成功している部門が損失を出している部門をおぎなうことはしばしばあるが、ウォルト・ディズニー社は、そうはせず、ほかの方法で難局を乗りきろうとした。

そこでウォルト・ディズニー社は2004年、ディズニーの名称を使用する権利をチルドレンズプレイスに売却（ライセンス契約）。同社は、ディズニーストアで販売する商品を、ウォルト・ディズニー社が定めた価格で厳しいルールにしたがって販売していくことになった。

しかし、残念なことにこの計画は失敗。その理由は、チルドレンズプレイスにとっては、ウォルト・ディズニー社が求めた方法で店をやっていくことがむずかしかったこと。一方のウォル

▼クリスマスのかざりつけをした、ディズニーストア。

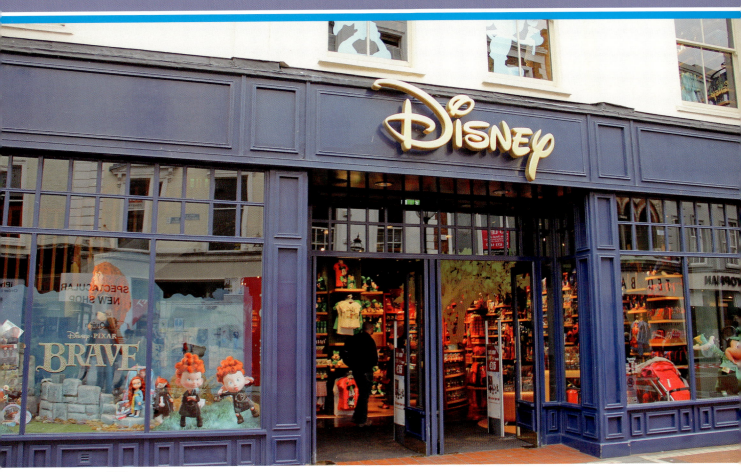

▲アイルランドの首都ダブリンにあるディズニーストア。

ト・ディズニー社側にとっては、チルドレンズプレイスの店がウォルト・ディズニー社の方針どおりにやっていないと感じていたことがあげられる。

　こうして2008年、ライセンス契約は解消され、売上の低いいくつもの店が閉鎖された。

まちじゅうにディズニーのキャラクター

　ディズニーの名称とキャラクターたちは、世界のほかのどの企業のものよりも、多くの製品に見られる。衣料品はもちろん、玩具、文具、家具にいたるまで、実にさまざまだ。

覚えておこう！
長期にわたる成功

　成功している企業のほとんどは、「マーケット主導型」だといわれている。ウォルト・ディズニー社のグループの、テレビからテーマパークにいたるすべての企業も、マーケットが望んでいるものを確実にあたえることで成功してきた。

　また、いまの製品を買ったりつかったりした人びとに、また買いたい、つかいたいと思わせることで、将来も成功が続くようにつとめている。

▼日本の都道府県別ディズニーストアの数。

都道府県	店舗数
北海道	1
宮城県	2
新潟県	1
長野県	1
茨城県	1
栃木県	1
千葉県	3
埼玉県	4
東京都	8
神奈川県	4
静岡県	2
愛知県	3
岐阜県	1
三重県	1
京都府	1
大阪府	2
兵庫県	3
奈良県	1
滋賀県	1
岡山県	1
広島県	1
福岡県	2
合計	45

※イベントストアはのぞく。

10 スティーブ・ジョブズとディズニー

ウォルト・ディズニー社は2006年、コンピュータグラフィックス映画を得意とするピクサーを買収。その大株主だったスティーブ・ジョブズを取締役にむかえた。それが功を奏し、ディズニー映画がつぎつぎと大ヒット。それだけでなく、ディズニーストアも活性化してきた。

スティーブ・ジョブズとは？

スティーブ・ジョブズといえば、世界に名をとどろかすコンピュータ会社、アップル社の共同設立者のひとり。そのジョブズが、アップル社を退社したときアップル社の株を売って得た資金で立ちあげたのが、ピクサーだった。ジョブズの知恵とアップル社でつちかったノウハウにより、ピクサーの経営状態はどんどんよくなった。

1991年には、ウォルト・ディズニー社にCGアニメーション映画作成を提案。3本の映画の契約を結んだ。そのひとつが、アニメ映画『トイ・ストーリー』（1995年）だった。こうしたなかで2006年5月5日、ウォルト・ディズニー社はピクサーを買収。同社は、ウォルト・ディズニー社の完全子会社となったが、ジョブズ自身は、ウォルト・ディズニー社の個人筆頭株主として取締役に就任した。

▼『トイ・ストーリー』の成功後、1997年にはウォルト・ディズニー社とピクサーで10年のうちに5本の映画をつくる契約がかわされた。写真右はウォルト・ディズニー社のマイケル・D・アイズナー、中央はピクサーのスティーブ・ジョブズ。

写真：AP/アフロ

▲ ハリウッドで映画化された『ハイスクール・ミュージカル』（2006年にアメリカで放送されたテレビ映画）を記念するパーティーで、ボブ・チャペック（右から4人目）と出演した俳優たち。

ピクサーのヒット作

　『トイ・ストーリー』の成功は、つぎの成功をよんだ。1999年に『トイ・ストーリー2』が、2010年には『トイ・ストーリー3』がつくられた。また、『ファインディング・ニモ』（2003年）、『Mr.インクレディブル』（2004年）、『カーズ』（2006年）、『レミーのおいしいレストラン』（2007年）、『カールじいさんの空飛ぶ家』（2009年）、『カーズ2』（2011年）、『メリダとおそろしの森』（2012年）、『モンスターズ・ユニバーシティ』（2013年）と続いた。なお、2006年にディズニー・チャンネルのオリジナル映画として放送された『ハイスクール・ミュージカル』が大ヒットし、第58回エミー賞では、6部門にノミネートされ、2部門で受賞した。

ディズニーストアにタッチスクリーン

　ディズニーストアは、ジョブズの助言により、対話型のタッチスクリーンを導入。ディズニーの映画とテレビ番組を楽しめるようにした。こうしてディズニーストアは、すべての店を最新のスタイルに変更。その費用は1店舗あたり約9000万円だったという。

支えた人
ボブ・チャペック

　チャペックは、ウォルト・ディズニー・スタジオ、ピクサーなどをふくむ、この巨大で複雑なビジネスのすべてを管理・指揮している人物だ。彼の仕事は、製品が消費者の需要を満たす品質を保持していることを確認しながら、最大限に収入をあげるようにすることだ。

　チャペックは、ウォルト・ディズニー・スタジオの流通担当社長を2年間経験したのち、2011年にディズニー・コンシューマ・プロダクツ（消費財部門）の社長に就任し、新作の映画をDVDにした。また、ストレート・トゥ・ビデオ（映画にしないで最初からビデオやDVD向けに制作すること）のビジネスでいくつかの販売記録を達成した。

11 ディズニーキャラクターがゲームに登場

ウォルト・ディズニー社は1988年、「ウォルト・ディズニー・コンピュータ・ソフトウェア」というゲームソフトの開発をおこなう会社を立ちあげた。ミッキーマウスたちディズニーのキャラクターが、いよいよゲームに登場したのだ。

ブエナ ビスタ ゲーム

最初ウォルト・ディズニー社は、ディズニーのキャラクターや映画のキャラクターをつかったゲームを開発し、ソニーや任天堂などのゲーム制作会社が販売していた。しかし2003年、社名を「ブエナ ビスタ ゲーム」に変更。独自の販売をはじめた。

ブエナ ビスタ ゲームには、10代の若者と大人向けのソフトを販売する部門（ブエナビスタ・インタラクティブ）と、子どもの娯楽や学習用ソフトを専門にあつかう部門（ディズニー・イ

▼ディズニーのドリームスケッチャー。ディズニーの数多くの対話型おもちゃやゲームのひとつ。

ンタラクティブ）があった。

同社の最大のヒットは、『キングダム ハーツ』というアクション・ロールプレイングゲームのシリーズで、世界じゅうで1700万本も売りあげ、フィギュアや音楽のサウンドトラックなどの副産物が莫大な利益をもたらした。

ゲーム部門の挽回はなるか？

近年、世界的に映画館へいく観客数が減少。ビデオの売上も落ちこんでいる。それに反比例するように、ゲームの需要が高まっている。『バイオショック』や『グランド・セフト・オート』などが大ヒットした「テイクツー・インタラクティブ」などのゲーム開発会社が巨額の利益をあげるようになった。また、『ファームビル』や『シティビル』など、携帯電話やフェイスブックで楽しむことのできるゲームを制作する「ジンガ」なども売上をのばした。

こうしたなか、ウォルト・ディズニー社のゲーム部門であるブエナ ビスタ ゲームは、成長しつづけるマーケットに乗りおくれまいとして、2007年には「ディズニー・インタラクティブ・メディア・グループ（DIMG）」と社名を再度変更した。その後、2010年には月間4700万ユーザーをもつソーシャルゲームの開発会社の「プレイドム」を約450億円で買収。ところが、プレイドムへの投資にもかかわらず、DIMGは、ウォルト・ディズニー社で利益を出していない数少ない部門だった。そのため2012年の最初の3か月で、約25億2000万円の損失を計上した。現在、費用のかかるゲーム機の製造をやめ、オンラインとモバイルのゲームの製造に移行し、挽回をはかっている。

支えた人
ジョン・プレザンツ

プレザンツは、以前はディズニーによって2010年に買収されたプレイドムの最高経営責任者（CEO）だった。その前は、ゲーム会社であるエレクトロニック・アーツの出版部門社長兼最高執行責任者（COO）として、世界規模の販売を担当していた。また、大手のウェブサイトでも働いていたことがある人物だ。彼は、ゲーム機とモバイルゲームをとりあつかう対話型の娯楽部門であるDIMGと、ウォルト・ディズニー社のソーシャルメディアゲームを制作するプレイドムという、2つの部門を統轄する立場で、すべての新しいゲームの創作と開発をとりしきっている。ウォルト・ディズニー社の世界的なネットワークを駆使し、世界じゅうのゲーム開発者と頻繁に連絡をとりあいながら、だれもがほしがるような最高のソフトを自分がまっ先に入手しようと努力している。

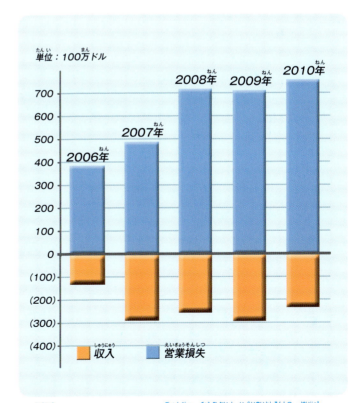

▲収入がのびたにもかかわらず、DIMGは業務開始以来毎年損失を計上した。

12 会社を安定させる

現在の最高経営責任者(CEO)であり会長である、ロバート・アイガーのもとで、ウォルト・ディズニー社は成長と繁栄を続けている。ウォルト・ディズニー以来の企業の豊かな伝統を守りながら、つねに将来を視野に入れている。

ターゲットは東アジア、南アジア

アイガーがCEOになってから、ウォルト・ディズニー社は、消費者のニーズの変化に合わせながら発展してきた。それはコンピュータアニメーションと3D映画製作の可能性を受けいれることであった。それと同時に、ディズニーの昔ながらの手書きアニメーションから撤退することを意味していた。

「わたしは、会社がテクノロジーを友人として見るべきだと思っていますが、この考え方は、当初から会社の一部でした。ウォルト・ディズニーは、テクノロジーに大きな希望をもっていました」

こう語るアイガーの最初のステップは、長期にわたって映画製作を成功させるために投資することだった。2006年にはピクサーを約6660億円で、2009年にはマーベルを約3780億円でそれぞれ買収。このどちらも、ディズニーの特徴といえる強い物語性のある、家族で楽しめる作品を目ざしているからだ。一方アイガーは、DIMGのように損失を出している部門を縮小した。

最近アイガーは、成長いちじるしい東アジアや南アジアのマーケットへの進出に積極的だ。すでに2012年にインドの複合メディア会社のUTVソフトウェア・コミュニケーションズを買収した。また、2015年にオープン予定の上海ディズニーリゾートに、大きな期待をよせている。

▼2015年にオープンが予定されている上海ディズニーリゾートの完成予想図。

▲2008年のビッグヒット映画『アイアンマン』。

ファンの声

　アイガーという人は、ほかのだれよりも熱烈なディズニーのファンである。しかし、21世紀の世界では、ウォルト・ディズニー社にとって「ウォルト・ディズニーがしたようにすること」が、会社を維持・強化し、さらに成長させるうえで必ずしも正しいことではないと、アイガーは認めざるを得ないのだ。それは、アイガーがディズニーのファンと直接かかわりあう機会をもってきたからだ。現在ディズニーには１億6000万人をこえるフェイスブック会員がいる。アイガーは彼らが考えていることをさぐり、彼らの貴重な意見に耳をかたむけている。

　ウォルト・ディズニー社は、現在隆盛をきわめているが、アイガーと会社全体の課題は、「ディズニーが、成長と革新をしながら世界じゅうの人たちから愛される魔法のようなブランドである」という先人の理想を保ちつづけることである。

支えた人
ロバート・アイガー

　アイガーの職歴は、1974年にアメリカのテレビチャンネルABCテレビにはじまる。20年あまりでトップにのぼりつめ、1996年にABCの会長になった。1999年に、ウォルト・ディズニー・インターナショナルの会長となり、2005年に同社の会長兼CEOとなった。現在の役職は、ウォルト・ディズニー社の会長兼CEOである。ディズニーの会長として、世界でもっとも愛されているブランドに責任を負っている。

　彼がおこなう決断は、3つの重要な原則にもとづいているという。
①可能なかぎり最高のものを生みだすこと
②利用可能な最新のテクノロジーをとりいれてつかいこなすこと
③世界じゅうの新しい市場へ拡大すること

　2006年のピクサーと2009年のマーベルの買収にあたって、アイガーは偉大な物語性を目ざすというウォルト・ディズニーの目標をかたく守った。そうして彼は、ウォルト・ディズニー社を、映画からDVD、携帯電話、タブレットにいたる多様な分野でコンテンツをつくりだす業界のリーダーにおしあげた。

覚えておこう！
吸収合併

　吸収合併の目的は、企業の買収・売却と、ほかの企業との連合に対抗すること。「吸収」はひとつの企業がほかの企業に買いとられることを意味する。「合併」はふたつの企業が連合して別の新たな企業をつくることである。吸収合併により、急激な成長がもたらされることが多い。

13 未来はディズニーに何を約束しているか？

ビジネスはつねに前進することが基本となっている。
できていることとできていないことを見定めて、今後の方針を決めなければならない。
ウォルト・ディズニー社の近年の動きや、今後の計画を見てみよう。

◀ 2011年、ディズニーは、ジェイソン・シーゲル（左）と、エイミー・アダムス（右）を主役にした『ザ・マペッツ』を公開した。この映画は世界で90億円以上の興行収入をあげた。

ウォルト・ディズニー社が力を注ぐのは？

①映画のフランチャイズ

『アベンジャーズ』第1作で大成功をおさめたウォルト・ディズニー社は、2013年に『アイアンマン3』と『マイティ・ソー／ダーク・ワールド』、2014年に『キャプテン・アメリカ／ウィンター・ソルジャー』を公開。今後は『アベンジャーズ』の続編のほか、『ガーディアンズ・オブ・ギャラクシー』『アントマン』の公開がひかえている。

②世界への拡大

2015年、中国に上海ディズニーリゾートがオープンする。また、イスラエルのハイファに小型のテーマパークをつくることを計画している。

「願えば、かなう」　ウォルト・ディズニー

③アメリカ内のパークを最新化

2011年9月にウォルト・ディズニー社は、ジェームズ・キャメロン監督の『アバター』について、アトラクション製作の独占的な権利を獲得した。

大ヒット映画をもとにしてテーマパークのアトラクションを建設するという計画は、パートナーである20世紀フォックスとライトストーム・エンターテインメントに知らされた。このアトラクションは最初に、フロリダ州のウォルト・ディズニー・ワールド内のディズニー・アニマルキングダムに設置されることが計画されている。

また最近では、マジックキングダムで『リトル・マーメイド』や、『白雪姫』の7人のこびとをテーマにしたアトラクションなどが開設された。

④ディズニー・クルーズラインの新たな目的地

ウォルト・ディズニー社は、リゾートビジネスも重視。2012年、新しいクルーズとして、ロサンゼルスからハワイまでの航路を加えた。また、同じ年に、ニューヨークやガルベストンが新しく出発港となった。

⑤テクノロジーの進歩

ウォルト・ディズニー社はテクノロジーの進歩を利用して、新しいファンをとりこもうとしている。新しいアプリケーションを利用すると、ディズニー・チャンネルの加入者は、ディズニー・チャンネル、ディズニーXD、さらにディズニージュニアを、携帯機器で視聴できるようになる。ゲーム部門では、熱心なディズニーファンのオンライン・コミュニティを立ちあげることを目ざしている。こうしたファンは、1930年代から子どもたちがそうしてきたように、ブランドとともに成長してゆくだろう。

▲世界じゅうのディズニーストアも進化しつづけている。

支えた人
アンディ・バード

世界的なテレビとエンターテインメントの会社であるタイム・ワーナー社でテレビチャンネルの責任者としてつとめていたバードは、2004年にウォルト・ディズニー社に入社。彼の最初の大仕事はインドのテレビ局であるフンガマ・テレビの買収だった。

現在、ウォルト・ディズニー・インターナショナルの会長の座にあるバードには、主要な3つの責任範囲がある。

①ウォルト・ディズニー社が買収することができる、実績のあるビジネスを見つけること

②西ヨーロッパと日本の主要なマーケットでの、ウォルト・ディズニー社の市場占有率と採算性を高めること

③インドや中国、またロシアのようなあらたなマーケットの開拓を進めていくこと

ウォルト・ディズニー社の全体像

現在巨大化したウォルト・ディズニー社は、映画の製作、テーマパークの経営、テレビ放送（ABCやスポーツ専門放送局ESPN）などをおこなう、メディア系の世界的な総合企業となっている。また、創立者のウォルト・ディズニーは、個人としては最多の26回、アカデミー賞を受賞している。

■ 歴史

- 1923年10月16日…ウォルト・ディズニーと兄のロイ・ディズニーの共同経営開始。
- 1938年 9月29日…カリフォルニア州で「ウォルト・ディズニー・プロダクション」を設立。
- 1971年 ……………「ウォルト・ディズニー・ワールド・リゾート」の完成。その2か月後、ロイが他界。代表取締役会長にドン・テイタム、代表取締役社長にカード・ウォーカーが就任。
- 1984年 ……………パラマウント映画の社長だったマイケル・D・アイズナーが会長に、ワーナー・ブラザーズ元社長のフランク・ウェルズが社長に就任。
- 1986年 2月 6日…「ウォルト・ディズニー社」へ商号変更。
- 1986年11月24日…カリフォルニア州法で設立された法人から、デラウェア州法人として「ウォルト・ディズニー社」を再設立。
- 1996年 2月 9日…「ウォルト・ディズニー社」は「ディズニー・エンタープライゼズ・インク」へ社名変更。子会社のDCホールドコ・インクが「ウォルト・ディズニー社」となる。

■ ウォルト・ディズニーのアカデミー賞受賞歴

- 1932年 短編アニメーション賞『花と木』
- 1932年 名誉賞 ミッキーマウスの創造に対して
- 1934年 短編アニメーション賞『三匹の子ぶた』
- 1935年 短編アニメーション賞『うさぎとかめ』
- 1936年 短編アニメーション賞『三匹の親なし子ねこ』
- 1937年 短編アニメーション賞『田舎のねずみ』
- 1938年 短編アニメーション賞『風車小屋のシンフォニー』
- 1939年 短編アニメーション賞『牡牛のフェルディナンド』
- 1939年 名誉賞『白雪姫』
- 1940年 短編アニメーション賞『みにくいアヒルの子』
- 1942年 短編アニメーション賞『プルートのなやみ』
- 1942年 名誉賞『ファンタジア』
- 1942年 アービング・G・タルバーグ賞
- 1943年 短編アニメーション賞『総統の顔』
- 1949年 短編二巻賞『あざらしの島』
- 1951年 短編二巻賞『ビーバーの谷』
- 1952年 短編二巻賞『大自然の片隅』
- 1953年 短編二巻賞『水鳥の生態』
- 1954年 長編ドキュメンタリー映画賞『砂漠は生きている』
- 1954年 短編ドキュメンタリー映画賞『民族と自然/アラスカのエスキモー』
- 1954年 短編二巻賞『熊の楽園』
- 1954年 短編アニメーション賞『プカドン交響曲』
- 1955年 長編ドキュメンタリー映画賞『滅びゆく大草原』
- 1956年 短編ドキュメンタリー映画賞『民族と自然/北極圏の人々』
- 1959年 短編実写賞『グランドキャニオン』
- 1969年 短編アニメーション賞『プーさんと大あらし』

※年は授賞式がおこなわれた年を指す。

さくいん

ア

- 『アイアンマン3』・・・・・・・・・・・・・・・・・ 28
- アカデミー賞・・・・・・・・・・・・・・・ 10,14,19,30
- 『あざらしの島』・・・・・・・・・・・・・・・・・ 10,30
- アップル社・・・・・・・・・・・・・・・・・・・・・ 14,22
- 『アバター』・・・・・・・・・・・・・・・・・・・・・・ 4,29
- アブ・アイワークス・・・・・・・・・・・・・・・・・・ 7
- 『アベンジャーズ』・・・・・・・・・・・・・・ 4,19,28
- 『アリス・イン・ワンダーランド』・・・・・・・・ 19
- 『アリスのコメディ』・・・・・・・・・・・・・・・・ 16
- アンディ・バード・・・・・・・・・・・・・・・・ 16,29
- 『アントマン』・・・・・・・・・・・・・・・・・・・・・・ 28
- イマジニア・・・・・・・・・・・・・・・・・・・・・ 12,16
- 『ウェイバリー通りのウィザードたち』・・・・・・ 19
- ウォルト・ディズニー（ウォルト）・・・・・ 5,6,7,8,9,
  10,11,12,13,14,15,
  16,17,26,27,29,30
- ウォルト・ディズニー・インターナショナル
  ・・・・・・・・・・・・・・・・・・・・・・・・ 16,27,29
- ウォルト・ディズニー・コンピュータ・ソフトウェア・・・ 24
- ウォルト・ディズニー社・・・・ 4,5,6,9,10,11,12,
  13,14,15,16,18,19,20,21,
  22,24,25,26,27,28,29,30
- ウォルト・ディズニー・ジャパン・・・・・・・・・ 13
- ウォルト・ディズニー・スタジオ・・・ 9,16,17,19,23
- ウォルト・ディズニー・パークス・アンド・リゾーツ
  ・・・・・・・・・・・・・・・・・・・・・・・・・・ 13,16
- ウォルト・ディズニー・プロダクション・・・・・・ 9,30
- ウォルト・ディズニー・ワールド・・・・ 13,14,15,29
- ウォルト・ディズニー・ワールド・リゾート・・・ 15,17,30
- エプコット・センター・・・・・・・・・・・・・・・ 15
- エミー賞・・・・・・・・・・・・・・・・・・・・・・ 14,23
- オズワルド・・・・・・・・・・・・・・・・・・・・・・ 6,7
- オリエンタルランド・・・・・・・・・・・・・・・・・ 13

カ

- 『カーズ』・・・・・・・・・・・・・・・・・・・・・・・・ 23
- 『カーズ2』・・・・・・・・・・・・・・・・・・・・・・・ 23
- 『ガーディアンズ・オブ・ギャラクシー』・・・・・・ 28
- カード・ウォーカー・・・・・・・・・・・・・ 14,15,30
- 『カールじいさんの空飛ぶ家』・・・・・・・・・・ 23
- キャスト・・・・・・・・・・・・・・・・・・・・・・ 16,17
- キャピタル・シティーズ・・・・・・・・・・・・・・ 13
- 『キャプテン・アメリカ／ウィンター・ソルジャー』・・・ 28
- 『キングダム ハーツ』・・・・・・・・・・・・・・・・ 25
- グーフィー・・・・・・・・・・・・・・・・・・・・・・・・ 8

サ

- 最高経営責任者（CEO）・・・・・・・・・・ 9,14,15,
  16,18,25,26,27
- 最高財務責任者（CFO）・・・・・・・・・・・・・・ 13

- 『ザ・マペッツ』・・・・・・・・・・・・・・・・・・・・ 28
- 『しあわせウサギのオズワルド』・・・・・・・・・・ 6
- 『シークレット・アイドル ハンナ・モンタナ』・・ 19
- ジェフリー・カッツェンバーグ・・・・・・・・・・・ 18
- ジム・フィールディング・・・・・・・・・・・・・・・ 20
- 上海ディズニーリゾート・・・・・・・・・・ 13,26,28
- 『蒸気船ウィリー』・・・・・・・・・・・・・・・・・・ 17
- ジョン・プレザンツ・・・・・・・・・・・・・・・・・・ 25
- 『白雪姫』・・・・・・・・・・・・・ 8,9,10,16,29,30
- 人事部・・・・・・・・・・・・・・・・・・・・・・・・・・ 17
- 『シンデレラ』・・・・・・・・・・・・・・・・・・・・・ 10
- 『スイスファミリーロビンソン』・・・・・・・・・・ 10
- スティーブ・ジョブズ・・・・・・・・・・・・・・ 14,22
- ソニー・・・・・・・・・・・・・・・・・・・・・・・・・・ 24

タ

- 『宝島』・・・・・・・・・・・・・・・・・・・・・・・・・ 10
- 『ダンボ』・・・・・・・・・・・・・・・・・・・・・・・・・ 9
- 著作権・・・・・・・・・・・・・・・・・・・・・・・・・・ 6
- 著作権法・・・・・・・・・・・・・・・・・・・・・・・・・ 6
- チルドレンズプレイス・・・・・・・・・・・・・ 20,21
- ディズニー・インタラクティブ・メディア・グループ（DIMG）
  ・・・・・・・・・・・・・・・・・・・・・・・・・・ 25,26
- ディズニーXD・・・・・・・・・・・・・・・・・・・・ 29
- ディズニー・クルーズライン・・・・・・・・・ 17,29
- ディズニージュニア・・・・・・・・・・・・・・・・・ 29
- ディズニーストア・・・・・・・・・ 17,20,21,22,23,29
- ディズニー・チャンネル・・・・・・ 11,18,19,23,29
- ディズニー・バケーション・クラブ・・・・・・・・・ 17
- ディズニーランド・・・・・・・・・ 4,5,7,12,13,14,16
- ディズニーランド・パリ・・・・・・・・・・・・・・ 5,13
- ディズニーランド・リゾート・・・・・・・・・・・・・ 17
- ディズニーランド・リゾート・パリ・・・・・・・・・ 17
- ディズニー・レジェンズ・プラザ・・・・・・・・・ 16
- 『トイ・ストーリー』・・・・・・・・・・・・・・・ 22,23
- 『トイ・ストーリー3』・・・・・・・・・・・・・・・・ 23
- 『トイ・ストーリー2』・・・・・・・・・・・・・・・・ 23
- 東京ディズニーシー・・・・・・・・・・・・・・・ 13,17
- 東京ディズニーランド・・・・・・・・・・・・ 13,15,17
- 東京ディズニーリゾート・・・・・・・・・・・・・・ 13
- トーマス・スタッグス・・・・・・・・・・・・・・ 13,16
- ドナルドダック・・・・・・・・・・・・・・・・・・・・・ 8
- ドリームワークス・スタジオ・・・・・・・・・・・・ 19
- ドン・テイタム・・・・・・・・・・・・・・・・・ 14,15,30

ナ

- 『南部の唄』・・・・・・・・・・・・・・・・・・・・・・ 11
- 20世紀フォックス・・・・・・・・・・・・・・・・・・ 29
- 任天堂・・・・・・・・・・・・・・・・・・・・・・・・・・ 24

ハ

- 『ハイスクール・ミュージカル』・・・・・・・・ 19,23

- 『パイレーツ・オブ・カリビアン』・・・・・・・・・・ 4
- 『パイレーツ・オブ・カリビアン／生命の泉』
  ・・・・・・・・・・・・・・・・・・・・・・・・・・・・ 4,19
- 『ピーター・パン』・・・・・・・・・・・・・・・・・・・ 10
- ピクサー・・・・・・・・・・・・・・ 13,19,22,23,26,27
- 『ピノキオ』・・・・・・・・・・・・・・・・・・・・・・・・ 9
- 『ファインディング・ニモ』・・・・・・・・・・・・・・ 23
- 『ファンタジア』・・・・・・・・・・・・・・・・・・・ 9,30
- 『フィニアスとファーブ』・・・・・・・・・・・・・・・ 19
- ブエナ ビスタ ゲーム・・・・・・・・・・・・・ 24,25
- 『ふしぎの国のアリス』・・・・・・・・・・・・・・・ 10
- フランク・ウェルズ・・・・・・・・・・・・ 15,16,18,30
- プルート・・・・・・・・・・・・・・・・・・・・・・・・・・ 8
- プレイドム・・・・・・・・・・・・・・・・・・・・・・・・ 25
- 『ボクはむく犬』・・・・・・・・・・・・・・・・・・・・ 10
- ボブ・チャペック・・・・・・・・・・・・・・・・・・・ 23
- 香港ディズニーランド・・・・・・・・・・・・・・・・ 17

マ

- マーク・セガン・・・・・・・・・・・・・・・・・・・・・ 17
- マーケット・・・・・・・・・・・・・・・ 21,25,26,29
- マーベル・・・・・・・・・・・・・・・・・ 13,19,26,27
- マイケル・オービッツ・・・・・・・・・・・・・・・・ 15
- マイケル・D・アイズナー・・・・・・ 16,18,19,22,30
- 『マイティ・ソー／ダーク・ワールド』・・・・・・ 28
- 『Mr.インクレディブル』・・・・・・・・・・・・・・ 23
- ミッキーマウス・・・・・・・・・・・・・ 4,6,7,8,11,
  13,16,24,30
- ミニーマウス・・・・・・・・・・・・・・・・・・ 8,13,16
- 『メリー・ポピンズ』・・・・・・・・・・・・・・・・・ 10
- 『メリダとおそろしの森』・・・・・・・・・・・・・・ 23
- 『モンスターズ・ユニバーシティ』・・・・・・・・ 23

ヤ

- UTVソフトウェア・コミュニケーションズ・・・・ 26
- ユニバーサル・スタジオ・・・・・・・・・・・・・・・ 6

ラ

- 『ライオン・キング』・・・・・・・・・・・・・・・・・ 19
- ライトストーム・エンターテインメント・・・・・・ 29
- リッチ・ロス・・・・・・・・・・・・・・・・・・・・・・・ 19
- 『リトル・マーメイド』・・・・・・・・・・・・・・ 19,29
- 『レミーのおいしいレストラン』・・・・・・・・・・ 23
- ロイ・E・ディズニー・・・・・・・・・・・・・・・・・ 18
- ロイ・ディズニー（ロイ）・・・・・・・・ 5,6,8,9,12,
  14,15,16,18,30
- 『ロジャー・ラビット』・・・・・・・・・・・・・・・・ 19
- ロバート・アイガー・・・・・・・・・ 15,16,19,26,27
- ロン・ミラー・・・・・・・・・・・・・・・・・・・・ 15,18

ワ

- ワーナー・ブラザーズ・・・・・・・・・・・・ 16,18,30

■ 原著／アダム・サザーランド
20年以上執筆を続けているノンフィクション作家で、数多くの賞を受賞している。主な執筆分野はスポーツ、ポップ・カルチャー、経済、ソーシャル・メディアなど。

■ 翻訳／稲葉茂勝（いなば・しげかつ）
1953年東京生まれ。東京外国語大学卒。編集者としてこれまでに800冊以上を担当。そのあいまに著述活動もおこなってきている。おもな著書には、『大人のための世界の「なぞなぞ」』『世界史を変えた「暗号」の謎』（共に青春出版社）、『世界のあいさつことば』（今人舎）、「世界のなかの日本語」シリーズ1、2、3、6巻（小峰書店）、『いろんな国のオノマトペ』（旺文社）などがある。

■ 編集／こどもくらぶ
あそび・教育・福祉・国際分野で、毎年100タイトルほどの児童書を企画、編集している。

■ 表紙・本文デザイン／吉澤光夫

■ 制作／株式会社エヌ・アンド・エス企画

この本の情報は、特に明記されているもの以外は、2014年8月現在のものです。

■ 写真協力（掲載順）

Acknowledgements: The author and publisher would like to thank the following for allowing their pictures to be reproduced in this publication: Cover: © Purestock / Alamy; title page: The Granger Collection / Topfoto; p4 Disney Enterprises / TopFoto; p5 Pierre Verdy/AFP/Getty Images; Time & Life Pictures/Getty Images; p7 The Granger Collection / TopFoto; p8 © Photoshot; p9 David McNew/Getty Images; p10 The Granger Collection / TopFoto; p11, p12 Everett Collection/Rex Features; p13 WpN/Photoshot; p14 Disney/Ronald Grant Archive/TopFoto; p15 Yale Joel//Time Life Pictures/Getty Images; p16 Stewart Cook/Rex Features; p17 © Photoshot, ©dbvirago-Fotolia.com; p18 Ron Galella/WireImage; p19 Barry King/Liaison; p20 ©Monika Graff/The Image Works; p23 Phil McCarten/Reuters/Corbis; p24 WpN/UPPA/Photoshot; p26 Disney Parks via Getty Images; p27 Industrial Light & Magic. © 2008 MVLFFLLC. ™ & © 2008 Marvel Entertainment. All rights reserved. © TopFoto.co.uk; p28 © Photoshot; p29 India Today Group/Getty Images

BIG BUSINESS series / Disney by Adam Sutherland
First published in 2012 by Wayland
Copyright © Wayland 2012
Wayland
338 Euston Road, London NW1 3BH
All rights reserved
Japanese translation rights arranged with Hodder and Stoughton Limited on behalf of Wayland, a division of Hachette Children's Books through Japan UNI Agency, Inc., Tokyo

「はじめに」の答え
①× ②○ ③○ ④○ ⑤× ⑥○ ⑦○ ⑧× ⑨○ ⑩○

知っているようで知らない会社の物語 ディズニー

2014年9月30日　初版第1刷発行　　　　　　　　　　　　　　　　　NDC672

発　行　者　竹内淳夫
発　行　所　株式会社 彩流社
　　　　　　〒102-0071 東京都千代田区富士見2-2-2
　　　　　　電話　03-3234-5931
　　　　　　FAX　03-3234-5932
　　　　　　E-mail　sairyusha@sairyusha.co.jp
　　　　　　http://www.sairyusha.co.jp

印刷・製本　凸版印刷株式会社

※落丁、乱丁がございましたら、お取り替えいたします。
※定価はカバーに表示してあります。

© Kodomo Kurabu, Printed in Japan, 2014

275×210mm　32p
ISBN978-4-7791-5001-2　C8330

本書は日本出版著作権協会（JPCA）が委託管理する著作物です。複写（コピー）・複製、その他著作物の利用については、事前にJPCA（電話03-3812-9424、e-mail:info@jpca.jp.net）の許諾を得て下さい。
なお、無断でのコピー・スキャン・デジタル化等の複製は著作権法上での例外を除き、著作権法違反となります。